A BÍBLIA EXPLICA
A Fascinante História de Jesus

DAVID PAWSON

ANCHOR RECORDINGS

Copyright © 2016 David Pawson

A FASCINANTE HISTÓRIA DE JESUS
THE AMAZING STORY OF JESUS

Os direitos autorais referentes a este livro são assegurados a David Pawson de acordo com a Lei de Direitos Autorais, Desenhos Industriais e Patentes, de 1988 (Reino Unido).

1ª edição: 2016, Grã-Bretanha por Anchor Recordings Ltd
DPTT, Synegis House, 21 Crockhamwell Road,
Woodley, Reading RG5 3LE

Nenhuma parte desta publicação pode ser reproduzida ou distribuída, em qualquer forma ou por quaisquer meios, sejam eles eletrônicos ou mecânicos, incluindo fotocópias e gravações, ou por qualquer sistema de armazenamento e recuperação de informações, sem autorização prévia, por escrito, da Editora.

Para obter outros materiais de ensino de David Pawson, inclusive DVDs e CDs, acesse
www.davidpawson.com

PARA DOWNLOADS GRATUITOS
www.davidpawson.org

Mais informações pelo e-mail
info@davidpawsonministry.com

ISBN 978-1-911173-68-7

Esta publicação baseia-se em uma palestra. Por originar-se da palavra falada, muitos leitores considerarão seu estilo um tanto diferente do meu modo costumeiro de escrever. Espero que isto não venha a depreciar a essência do ensino bíblico encontrado aqui.

Como sempre, peço ao leitor que compare tudo o que digo ou escrevo ao que se encontra registrado na Bíblia, e, caso perceba um conflito em qualquer ponto, sempre fie-se no claro ensino das Escrituras.

David Pawson

A BÍBLIA EXPLICA
A Fascinante História de Jesus

Vivi minha infância num país cristão. Não estou dizendo com isso que todos na Inglaterra fossem cristãos, mas esta era a única religião ali. A maioria dos vilarejos e municípios tinha uma igreja anglicana e uma capela metodista. Havia outras denominações, mas os locais de adoração religiosa na Inglaterra eram cristãos – apesar de haver uma mesquita nas proximidades de Londres. Eram essas, portanto, as opções numa manhã de domingo na Inglaterra: ser cristão ou não sair da cama! Não havia muitas outras coisas para se fazer.

Hoje, se você for à Oxford Street, no centro de Londres, perguntará a si mesmo em qual país está, pois fomos inundados por imigrantes e agora somos, de fato, um país internacional. Assim, temos uma situação em que as religiões do mundo vieram até nós e hoje vivem próximas umas das outras. Como país, estamos apenas aprendendo a nos acostumar à convivência de religiões diferentes lado a lado.

Como essas religiões se ajustarão umas às outras? Será que isso acontecerá algum dia?

Há quatro relacionamentos possíveis entre elas. O primeiro é o de *hostilidade e antagonismo*. A história está recheada de guerras religiosas, e muito sangue já foi derramado em nome da fé. Muitos tem sido os conflitos entre as religiões: entre o islamismo e o cristianismo, por exemplo, entre hindus e cristãos, entre tipos diferentes de religião, e até no contexto de uma mesma religião. Posso usar como exemplo a guerra entre Irã e Iraque, que, basicamente, representavam duas vertentes do islamismo: os sunitas e os xiitas. Ou posso levá-lo à Irlanda do Norte, onde católicos e protestantes, até há bem pouco tempo, matavam uns aos outros – e isto é vergonhoso. Continuaremos assim para sempre? Assistiremos a intermináveis guerras religiosas em nome da fé? Esta é uma possibilidade.

A segunda possibilidade, hoje testada em diversos lugares, chama-se *separatismo*. Isto significa mantê-las afastadas. Em outras palavras, significa criar guetos: uma parte da cidade pertence a uma religião e a outra parte pertence a uma religião diferente. Esta é hoje uma característica da vida na Inglaterra. Há uma pequena cidade em Yorkshire chamada Dewsbury. Um rio cruza a cidade e todos os que residem em um dos lados desse rio são muçulmanos (até as igrejas foram transformadas em mesquitas) e os que vivem do outro lado pertencem a todas as outras religiões. Em algumas cidades inglesas, encontramos avisos com os dizeres: "Você está prestes a entrar em uma zona controlada pela Lei Sharia", por mais inacreditável que pareça. Vemos o separatismo manter afastadas as religiões e assim podemos preservar a paz. "Trancafiá-los em seu próprio gueto" – esta não é a solução.

A terceira solução é o *pluralismo*. Segundo essa filosofia, a variedade é salutar para uma sociedade, portanto há espaço para todas as religiões, especialmente as que representam minorias, e acredita-se que isto seja positivo para um país. A filosofia parte do pressuposto de que todas as religiões são iguais; são estradas que conduzem a um mesmo deus, assim, deveríamos tê-las todas conosco. O nome disto é, basicamente, relativismo. Considera-se que cada religião possua parte da verdade, por isso precisamos da contribuição de todas para o leque de conhecimento.

A quarta solução está se tornando hoje a mais comum, e a

Bíblia profetiza que será a mais importante delas antes do fim dos tempos. É o *sincretismo* – que persuade as religiões do mundo a se unirem e atuarem em conjunto, até que uma única religião unifique toda a raça humana. Já começou a acontecer em meu próprio país. O príncipe Charles, nosso próximo rei, deve herdar um título do soberano da Grã-Bretanha, presente em todas as nossas moedas: "Defensor da Fé". Todos pensam que se refere à fé cristã, mas o príncipe deseja alterar o juramento que fará em sua coroação. O príncipe Charles quer ser conhecido como "Defensor de Fé", seja ela qual for. Ele está endossando outras crenças ao povo britânico.

O governo hoje não mais se refere à "igreja" ou às "igrejas", mas sim à "comunidade de fé" e, assim sendo, não faz qualquer distinção entre as religiões. Há uma pressão para que nos unamos a outras religiões. A pressão tem como objetivo trazer alguma harmonia à comunidade. É óbvio que as diversas religiões não podem se unir em suas crenças, pois são tão distintas que não seria possível harmonizá-las. No que se refere à doutrina, todas as religiões do mundo podem estar equivocadas, e somente uma delas pode estar certa. Entretanto, a esperança é que possamos alcançar a *atitude* que resulta da união de várias religiões. Esta é a razão pela qual a palavra "virtudes" foi substituída pela palavra "valores". É sobre uma base de valores comuns que as religiões são pressionadas a se unir. No meu país, religiões diferentes já estão unidas, em ação contra o mal social. Agem em conjunto contra a pobreza e outros males – na esperança de partilhar os mesmos valores. Talvez você não saiba, mas o próprio Maomé, com a intenção de unir-se a outras religiões que acreditavam em um Deus único (chamadas monoteístas), fez a elas um convite. Intitulou-se "Uma Palavra em Comum", e foi um chamado contundente a que outras religiões se aproximassem e se unissem a ele. Maomé apelou a duas religiões, o cristianismo e o judaísmo, com esta mensagem:

"Ambos amamos a Deus, ambos amamos o nosso próximo, por que não nos unimos?"

Curiosamente, após um intervalo de mil e quatrocentos anos, os muçulmanos lançaram outro apelo com o mesmo título – "Uma Palavra em Comum" – e o enviaram aos cristãos evangélicos. Diz o convite: "Vamos juntos amar a Deus e ao próximo". Duzentos líderes evangélicos de todo o mundo reagiram positivamente. É possível que você se surpreenda, mas ouso mencionar alguns deles: o falecido John Stott, o Irmão André, George Verwer, e os líderes da Jocum – Jovens Com Uma Missão – assinaram uma declaração positiva e a enviaram aos muçulmanos, dizendo: "Estamos prontos para tentar, nos reunir e discutir este tema". Há, portanto, uma tremenda pressão sobre todas as vertentes do cristianismo no sentido de sincretizar a religião, e isto acabará se concretizando. Haverá uma religião mundial liderada por um falso profeta e a pressão para que nos unamos a ela estará sobre todos nós.

Como nos preparamos para isto? Qual é a nossa defesa contra essa pressão? Creio que ela cresce a cada dia em meu país. Minha sensação é de que crescerá ainda mais e outros estarão sujeitos à mesma pressão. Para tudo isso, há uma resposta muito simples: a convicção da singularidade de Cristo. Este é o único elemento que podemos usar como preparação para encararmos as pressões que nos sobrevirão. Eu me refiro à singularidade que torna Cristo completamente diferente. Por "singularidade", queremos dizer que ele é único – não há ninguém igual; e ele não pode ser comparado a qualquer outra religião, pode apenas destoar delas.

Quero, portanto, explorar a vida de Jesus e destacar o que é singular a respeito de nosso Senhor Jesus Cristo; o que o torna diferente de todos os outros líderes religiosos, de todos os fundadores de outras religiões em todo o mundo, e que sempre impedirá que nos sintamos atraídos pela possibilidade de unir nossas religiões e transformá-las numa só. Muitos já fizeram esta tentativa. Há uma religião denominada Fé Bahá'í, cuja sede localiza-se em Israel. Seu objetivo é unir todas as religiões do mundo – aquelas que compartilham os mesmos valores. John Foster Dulles, político americano, criou o World Congress of Faiths (Congresso Mundial das Religiões), que ainda se reúne com esse mesmo objetivo. Vamos, então, deixar tudo isso de lado e voltar às narrativas do Evangelho e reaprender o que há de singular sobre o nosso Senhor Jesus Cristo, aquilo que indica que jamais conseguiremos associar a nossa fé a qualquer outra.

Comecemos pelo seu nascimento. Na realidade, o nascimento de Jesus foi razoavelmente normal. Após algumas horas em trabalho de parto, Maria deu à luz um menino, algo bastante normal. A única diferença é que o hímen de Maria foi perfurado por um homem, porém de dentro para fora. Isto geralmente acontece de fora para dentro, na primeira relação sexual entre um homem e uma mulher. Seu bebê, do sexo masculino, no entanto, perfurou a abertura a partir do seu interior. Exceto por esse fato, o nascimento de Jesus foi igual ao de qualquer pessoa. Precisamos recuar nove meses para descobrir a característica singular deste nascimento. Veremos, então, que ele nasceu sem que houvesse uma relação sexual entre um homem e uma mulher – foi um nascimento virginal. A propósito, no que se refere a Jesus, até os muçulmanos acreditam nisso firmemente: Jesus nasceu de uma virgem que nunca havia mantido relações sexuais com um homem.

Isto, no entanto, não é algo inédito na história. Já ocorreu outras vezes. Um professor de ginecologia da Universidade de Londres me disse que a história registra pelo menos meia dúzia de relatos de nascimentos virginais. Ele estava inclinado a aceitá-los por um motivo muito particular. Esse tipo de nascimento acontece graças a um processo que os cientistas chamam de "partenogênese". É quando o óvulo feminino se divide espontaneamente e continua a se dividir e a desenvolver-se em um feto, e finalmente, em um novo indivíduo.

Há bastante partenogênese no reino vegetal. O mesmo acontece no reino animal. Creio ter ouvido que o Dragão-de-Komodo pode fazer o mesmo. Aqui, entretanto, alegava-se que esse fenômeno também havia ocorrido com seres humanos. O professor continuou: "A razão pela qual estou inclinado a acreditar nesses relatos é porque, em todos eles, o bebê era uma menina". Só poderia ser esta a razão, pois todo óvulo no corpo de uma mulher é do sexo feminino, e uma mulher é completamente incapaz de produzir um bebê do sexo masculino.

Isto torna singular o nascimento ou a concepção de Jesus. Aparentemente, só poderia acontecer se Deus criasse um espermatozoide masculino que transportasse o DNA do próprio Deus, e este espermatozoide fecundasse o óvulo de Maria. Qualquer outra forma sugerida significaria que Maria não era a mãe de Jesus, mas apenas uma incubadora, ou uma mãe de criação. Jesus, no entanto, era verdadeiramente filho de Maria. Isto também indica que Deus era o seu Pai, algo certamente singular. Ninguém jamais afirmou tal coisa sobre si mesmo, mas Jesus o fez.

Este não é o único elemento surpreendente na concepção e no nascimento de Jesus. O aspecto mais espantoso é este: ele foi o único ser humano que escolheu nascer. Eu não escolhi nascer. Você não escolheu nascer. Eu não escolhi meus pais, você também não. Mas Jesus, sim. É fascinante o fato de ter escolhido pais muito humildes e um lar modesto. Entretanto, ele nunca disse: "Eu nasci". Repetidas vezes, porém, afirmou: "Eu vim" para fazer isto; "Vim para buscar e salvar o perdido". Ele decidiu vir. Isto é singular. Nenhum líder ou fundador de religião alguma jamais alegou ter escolhido nascer; eles simplesmente nasceram de forma casual, ou como que por acidente, pode-se dizer, assim como aconteceu com todos nós. Jesus, contudo, disse: "Eu vim". Esta é a primeira grande singularidade a respeito de Cristo que o distingue como único, alguém que não pode ser incluído em categoria alguma.

Surpreendente é sabermos tão pouco a respeito da pessoa mais famosa que já existiu. Não há informação alguma sobre os seus primeiros doze anos de vida. Nada sabemos, exceto que, muito cedo, houve uma tentativa de assassiná-lo, que resultou na morte de muitos de seus primos que estavam em Belém na época. Grande parte da sua infância, entretanto, nos é oculta, até que as cortinas se abrem quando ele completa doze anos de idade. É uma surpresa ver o que ele está fazendo na ocasião.

Todo menino judeu tem um bar-mitzvá. É nesta cerimônia que ele passa a ser um homem. Gostaria que tivéssemos uma cerimônia assim nos dias de hoje; considero a ideia muito boa, pois é o reconhecimento da responsabilidade. Um menino judeu vai à sinagoga e lê parte da lei de Moisés, dizendo ao povo: "Agora sou responsável por mim mesmo, por guardar esta lei". Até os doze anos, os pais judeus são responsáveis pelo comportamento de seus filhos. Aos doze anos, porém, o menino se torna um adulto. A partir daquele momento, ele abandona todos os seus brinquedos, as coisas de criança, e une-se ao pai em seu negócio ou profissão. Aparentemente, para a cerimônia do bar-mitzvá, os pais de Jesus não o levaram à sinagoga, mas ao templo, em Jerusalém. Seu pai e sua mãe viajaram com ele até a capital de Israel.

Quero lhes contar como viajaram. Não havia ônibus ou trens – eles caminhavam. E era assim que caminhavam: as mulheres partiam antes, com os filhos menores de doze anos, e caminhavam 25 quilômetros a cada dia. Chegando ao local onde passariam a noite, elas armavam a tenda e preparavam a refeição. Só então os homens chegavam ao acampamento. Gostaram da ideia? As feministas não parecem muito animadas, mas era assim que eles costumavam viajar.

José e Maria levaram Jesus ao templo, celebraram o seu bar-mitzvá – ele teve, sim, a devida cerimônia – e então iniciaram a caminhada de volta para casa. Percorreram 25 quilômetros em direção ao Vale do Jordão e depois se encontraram à noite para a refeição. Maria perguntou a José: "Onde está Jesus?". E José lhe respondeu: "Bem, ele não é meu filho, pensei que estivesse com você". Perceberam então que, ao partirem de Jerusalém, cada um deles havia pensado que Jesus estaria na companhia do outro. Isto explica porque o perderam.

Voltaram a Jerusalém, onde o procuraram por três dias, até que finalmente o encontraram ali mesmo no templo, participando de um admirável debate com os sacerdotes. Maria, uma típica mãe, lhe disse: "Seu pai e eu estávamos aflitos à sua procura! Por que fez isto conosco? Onde você estava?". Observe as palavras de Maria: "Seu pai e eu". E o que ele respondeu? "Mas eu tenho doze anos. Estou cuidando dos assuntos de meu Pai. Não esperavam por isto?". Deve ter sido um choque para os pais. Eles nunca haviam lhe contado sobre seu nascimento ou sua concepção. Durante 12 anos, Maria guardara essas coisas em seu coração e, no entanto, ele demonstra saber perfeitamente quem é seu Pai. "Seu pai e eu estávamos aflitos à sua procura".

"Meu Pai? Eu me uni a ele em seu trabalho. Vocês deveriam primeiro ter vindo ao templo; é onde me encontrariam."

Temos aqui um breve reflexo de um menino singular que já se relacionava com Deus de forma singular – chamando-o de "Pai". Sua palavra favorita quando se referia a Deus, o Pai, era "Papai" – pois a primeira palavra que todo bebê judeu aprende é "Abba", que significa "Papai". Podemos imaginar um pai judeu curvando-se sobre o carrinho do bebê, contemplando seu filho com orgulho, e esse grande rosto diante do bebezinho repete: "Abba, Abba, Abba". Finalmente, para livrar-se desta figura assustadora, o bebê responde: "Abba". O pai vibra: "Ele falou! Ele me reconheceu!".

Lembro-me de estar caminhando ao lado de um pai em um sítio arqueológico em Israel. O garoto seguia com dificuldade logo atrás, e mostrava-se cada vez mais cansado. Então, veio correndo até nós e estendeu as mãos pedindo para ser carregado. Foi a primeira vez que ouvi alguém dizer "Abba, Abba". É uma palavra profunda. Jesus disse a seus seguidores que é assim que deveriam dirigir-se a Deus. Nenhum judeu jamais ousaria ter tal intimidade com o Deus Todo-Poderoso, pois este havia dito: "Não tomem meu nome em vão".

Bem, este foi o singular nascimento de Jesus e esta foi a sua infância, igualmente singular. Fecham-se novamente as cortinas por outros dezoito anos e nada mais sabemos. É incrível que conheçamos tão pouco sobre Jesus. Presumimos – com base no fato de, mais tarde, ser chamado de carpinteiro – que ele tenha voltado a Nazaré. O texto afirma surpreendentemente: "Jesus era obediente a eles". Assim, Jesus assumiu a profissão de carpinteiro, e confeccionava mesas, cadeiras e batentes de portas e janelas. Se Deus entregasse a você a tarefa de planejar a vida do seu Filho que viria a ser o Salvador do mundo, garanto que você teria programado reuniões, cruzadas, sabe-se lá o que mais. Não o teria colocado numa carpintaria durante dezoito anos, mas foi isto que Deus, o Pai, fez.

Jesus trabalhou com madeira durante dezoito anos e com milagres durante três anos. Se a minha matemática está correta, é uma proporção de seis para um. O que isto lhe traz à mente? Ele disse: "Meu Pai continua trabalhando até hoje, e eu também estou trabalhando". Quando voltamos à Gênesis 1, à obra criadora de Deus, vemos outra vez a proporção de seis para um. É interessante que Deus, o Pai, coloque o seu Filho no trabalho manual diário durante seis anos para um ano de milagres e pregações.

Isto, portanto, é tudo o que sabemos a respeito da pessoa mais famosa que já existiu, até que atingisse a idade de trinta anos. Jesus, então, entra na arena pública da história e, em poucos meses, fica conhecido por muitas coisas. A extraordinária questão agora é esta: depois de apenas três anos de ministério público, ele é oficialmente sentenciado à morte como um dos piores criminosos que já existiram. Todos devem tentar responder à pergunta: Por que motivo tal tragédia aconteceu? Vamos analisar as características inusitadas daqueles três anos de ministério para tentar responder essa pergunta.

Há três aspectos a respeito do que Jesus fez em público. O primeiro deles são seus milagres, o segundo, seus princípios morais, e o terceiro, a sua mensagem. De alguma maneira, por um desses três aspectos, ele foi considerado o homem mais perigoso da época, que deveria ser condenado à morte antes que causasse danos a todo o povo.

Foram seus milagres? Bem, ele certamente fez milagres. Você sabia que, nos registros não bíblicos sobre Jesus, há historiadores que escreveram sobre ele? São historiadores romanos, judeus, cujos relatos não fazem parte da Bíblia, mas que concordam quanto a um ponto: Jesus fazia milagres. Este é, certamente, o fato mais atestado a seu respeito.

Seus milagres dividem-se em dois grupos: realizados a pessoas ou a outras coisas, e ambos são excepcionais. A diferença é que alguns de seus milagres também eram feitos por outras pessoas, na mesma época. O próprio Jesus menciona isto. Ele expulsava demônios, mas outros também expulsavam. Certa vez, ele disse a esses outros: "Por que me acusam de fazer essas coisas pelo poder do diabo? Por qual poder vocês o fazem?". Está claro, portanto, que milagres de cura de enfermidades e libertação da opressão demoníaca eram feitos na época, e Jesus fazia ambos.

No entanto, o milagre supremo que ele fez a pessoas, feito por mais ninguém na época, foi trazer os mortos de volta à vida. Jesus interrompeu o funeral do filho da pobre viúva. Ela não tinha mais ninguém que cuidasse dela, apenas seu filho. Jesus fez o homem erguer-se de seu caixão, e o devolveu à viúva. Um milagre e tanto. Mas houve um milagre singular que ele fez a uma pessoa – um homem que estava em seu túmulo havia quatro dias. "Não podemos abrir a tumba porque ele já cheira mal, deve estar em putrefação", contestou a própria irmã. No entanto, Jesus ordenou a Lázaro que saísse da tumba, restaurou um corpo em decomposição ao seu estado perfeito, e então ordenou: "Tirem as faixas dele. Deixem-no ir". Isto antecipou a sua própria morte, mas não imediatamente. Despertou a inveja dos líderes da nação (especialmente os religiosos), e foi um dos motivos que o levaram morte, mas não foi o motivo principal.

Eis aqui, portanto, um homem que fez uso de poderes milagrosos para realizar atos inacreditáveis a pessoas e outras coisas – um homem capaz de levantar-se num barco e ordenar ao vento e às ondas que se calassem. Ele não pediu: "Aquietem-se" – esta é a versão bem-educada que encontramos em nossas bíblias. Na realidade, ele ordenou: "Calem-se agora mesmo!". Mais ou menos como se fala a um cachorrinho que está pulando sobre você e estragando a sua roupa: "Quieto!". Foi assim que ele se dirigiu às ondas e ao vento, e eles obedeceram. Imediatamente, os homens que estavam com ele no barco disseram: "Quem é este que até os ventos e o mar lhe obedecem?".

Ele também transformou água em vinho. Certo pastor americano tentou me convencer de que Jesus a transformara em suco de tomate, mas tenho certeza de que isso não é verdade. Ele transformou a água no melhor vinho servido no casamento. Disseram ao noivo: "Por que você guardou o melhor vinho para o final da festa?", pois o procedimento normal era servir primeiramente o bom vinho e então, quando todos estivessem meio embriagados, oferecer o vinho de qualidade inferior. Ele, no entanto, lhes serviu o melhor vinho ao final; vinho que fizera a partir da água. Este é um milagre verdadeiro, realizado com elementos materiais, algo que ninguém mais fazia naquele tempo.

Jesus também pegou dois peixes e alguns pãezinhos e instruiu os discípulos: "Cinco mil pessoas estão aqui, me ouvindo durante todo o dia, e elas não têm o que comer. Por que vocês não as alimentam?". Os discípulos responderam: "Não temos nada e não há por perto lugar onde possamos comprar comida". Então encontraram um menino que trouxera cinco pães e dois peixinhos e confiscaram o seu lanche. Informaram a Jesus: "Aqui está a comida que encontramos". Para cinco mil pessoas? Ridículo! Jesus, no entanto, tomou esses dois peixes e os cinco pãezinhos e começou a parti-los em pedaços e a entregá-los aos discípulos. "Sirvam isto ao povo. Digam-lhes que se sentem em grupos de cinquenta. Agora distribuam entre eles". Ele produzia enquanto distribuía. Este é um grande milagre.

Em outra ocasião, Jesus se aproximou de uma figueira na expectativa de encontrar alguns figos, pois estava com fome e nada tinha para comer. Não encontrou figos, por isso amaldiçoou a árvore. Você pode interpretar o episódio como quiser, mas foi o que ele fez. No dia seguinte, quando vinham a Jerusalém pelo mesmo caminho, os discípulos comentaram: "Vejam, é a árvore que o Senhor amaldiçoou. Está morta. Todas as folhas caíram. Nem é possível vê-la, é apenas um esqueleto". Todas essas coisas ele fez com apenas uma palavra; esses, portanto, foram verdadeiros milagres.

Nenhum deles, no entanto, prejudicou qualquer pessoa. Todos os seus milagres promoviam o bem aos outros. Foi por isso que, anos depois, Simão Pedro, ao pregar sobre Jesus afirmou: "Ele andou por toda a parte fazendo o bem". Por que então seria levado à morte no espaço de três anos? Apenas por andar fazendo o bem? Obviamente, os seus milagres não foram o problema. Vamos, então, à segunda parte de seu ministério público: *seus princípios morais*. Você não ousaria perguntar ao seu melhor amigo: "Consegue encontrar algo errado em mim?". E, certamente, não diria aos seus colegas de trabalho: "Sou humilde". No entanto, Jesus fez as duas coisas e não teve problemas. Ele indagou: "Qual de vocês pode me acusar de algum pecado?" e, naquela ocasião, ele se dirigia aos seus piores inimigos. Até Simão Pedro, um de seus amigos mais próximos, disse-lhe certa vez: "Afaste-se de mim, porque sou um homem pecador! Não sou digno da sua atenção, não posso ser seu amigo".

Esse foi o testemunho de João Batista, seu primo, quando Jesus chegou para ser batizado. O batismo serve para tornar limpo, para lavar dos pecados. João Batista afirmou: "Eu não deveria batizá-lo, você é que deveria me batizar" – uma indicação de que o primeiro batista não havia sido batizado. A propósito, você sabia que, no Novo Testamento, Jesus é chamado de "batista"? Ele era um batista. A palavra usada para se referir a João, "o batista", é repetida na mesma página em referência a Jesus. Portanto, aí está: batista, com "b" minúsculo, e não maiúsculo! João, no entanto, lhe diz: "Você está limpo. Não há nada a ser lavado. Por que veio ser batizado?". E Jesus responde: "É certo fazer o que é certo". Qualquer cristão que não é batizado e afirma "Não preciso ser batizado", deve lembrar-se que Jesus era o único que não precisava ser batizado, mas foi. Portanto, siga o seu exemplo.

João Batista declarou: "Você está limpo". Pedro pediu: "Afaste-se de mim, porque sou um homem pecador". Quando desafiados por ele a encontrar qualquer falha em seu caráter, os inimigos de Jesus se calaram. A vida de Jesus, comparada à de qualquer outra pessoa, é a mais especulada, examinada, e sobre a qual existem mais registros. Ninguém, no entanto, em dois mil anos, encontrou nele qualquer traço de imoralidade ou corruptibilidade, apesar de esmiuçarem a sua vida.

Não é só isso. Ele também transmitiu os mais elevados padrões morais. Todos os que leram o Sermão do Monte admitem isto. Assim como Mahatma Gandhi ou o russo Dostoievski, muitos já afirmaram que, no Sermão do Monte, Jesus estabeleceu o padrão moral mais elevado que nenhum outro mestre jamais ousou estabelecer. A única crítica feita ao ensino moral de Jesus foi o fato de ter estabelecido um padrão elevado demais, impossível de se cumprir. Jesus, porém, não era como muitos mestres, que descem o padrão para torná-lo mais acessível a todos. Jesus veio para alçar as pessoas ao seu padrão, e essa foi sua abordagem à moral.

Por que um homem assim – alguém tão virtuoso, e que ensinava os mesmos princípios morais – é condenado à morte mais horrível já vista? Esta ainda é a grande questão. Vamos deixar de lado, então, seus milagres e sua moral e nos concentrar em *sua mensagem*. Deve haver algo em suas palavras que motivou a sua crucificação. Esta é a verdade; esta é a resposta.

Quando examinamos a sua mensagem, o aspecto espantoso é que ninguém, ninguém, mesmo, jamais falou tanto sobre si mesmo. Em qualquer outra pessoa, isto seria puro amor ao ego. Alguém que sempre fala de si mesmo costuma ser maçante. Você tem um amigo assim? Não gostaria que ele falasse sobre você? Conheço uma ou duas pessoas que iniciam frases alternadas com a palavra "eu" e são pessoas entediantes, interessadas apenas em si mesmas. Jesus falou mais sobre si mesmo do que qualquer outra pessoa, no entanto, ele nunca entediou ninguém.

O que ele dizia? Você sabia que, no início do ministério de Jesus, soldados foram enviados para prendê-lo, mas não ousaram fazê-lo? Eles voltaram e apenas confessaram: "Homem algum jamais falou como este homem. Não ousamos prendê-lo. Ele é simplesmente diferente. Fala como nenhum outro". A resposta simples é esta: nas dez maneiras diferentes pelas quais Jesus falou sobre si mesmo, ele estava, na realidade, afirmando ser Deus. Foi por isso que o crucificaram. Vamos analisar as dez pistas que ele deixou em seu ensino e que indicam claramente esta extraordinária afirmação. Todos sabiam que Jesus era um ser humano de fato, mas ele, na realidade, afirmava ser divino, ser Deus, um Deus-Homem. É uma afirmação extraordinária.

Em primeiro lugar, como já mencionei, ele disse: *"Eu escolhi nascer. Eu vim..."* E chegou até a acrescentar: *"Eu vim do céu"*. São afirmações claras de um ser divino.

A segunda forma pela qual ele expressa ser Deus está em *sua afirmação de perdoar pecados*. Bem, os únicos pecados que posso perdoar são aqueles que você cometeu contra mim. Espero que eu seja capaz disto. Jesus, entretanto, declarou: "Eu perdoarei todos os seus pecados. Todos os seus pecados contra Deus, eu os perdoo". Mas espere, um ser humano não pode fazer isto. Você pode apenas perdoar os pecados cometidos contra você. Para perdoar todos os pecados que alguém tenha cometido contra Deus, você precisa ser Deus, e, no entanto, esta foi sua afirmação.

A terceira, foi quando declarou *ter um relacionamento singular com Deus*, sendo o único judeu a ousar chamá-lo "Abba" – um relacionamento muito íntimo. Ele nunca disse: "Nosso Pai". Sempre se referiu a Deus como: "Meu Pai" e "Seu Pai", tornando clara a distinção entre o seu relacionamento e o de outros.

A quarta pista foi *usar o nome de Deus para referir-se a si mesmo*. Sabemos o nome de Deus: Eu Sou. Certa vez, pedi a Deus: "O Senhor poderia me dar uma palavra simples que corresponda ao seu nome? Eu gostaria de usá-la". Rápida como um raio, a palavra "Sempre" me veio à mente. Que belo nome para Deus. É o significado de "Eu Sou". É o presente do verbo "ser". Não é simplesmente o verbo "ser", mas expressa: "Sempre Eu Sou. Eu já era no princípio. Eu serei no fim. Eu Sou Sempre. Eu Sou". Algumas pessoas usam apenas a palavra "ser", mas eu gosto da palavra "Sempre", e gosto do nome de Jesus, que é "Sim". Ele é o "Sim" a todas as promessas de Deus.

Gosto de ter um Deus cujo nome é "Sempre", e cujo Filho chama-se "Sim". Que religião positiva a nossa. Jesus, no entanto, usava o nome "Eu Sou". E não apenas usava o nome "Eu Sou", como repetia a palavra "Eu" dizendo sempre: "Eu, Eu Sou". Em grego, temos *ego eimi*, sendo que *eimi* significa "Eu Sou", e *ego* significa "Eu". Assim, muitas vezes, suas primeiras palavras foram: "Eu, Eu Sou... o Pão do Céu, o Bom Pastor, o caminho, a verdade, a vida". Por sete vezes ele se referiu a si mesmo com o nome de Deus. Todas elas estão registradas no Evangelho de João.

Certa ocasião, Jesus afirmou aos judeus que Abraão havia se alegrado por ter visto o seu dia. Os judeus questionaram: "Você ainda não tem cinquenta anos. Como conhece Abraão, que morreu há dois mil anos?". Jesus respondeu: "Antes de Abraão existir, Eu Sou". Imediatamente, pegaram pedras para apedrejá-lo, pois isto era blasfêmia. A lei de Moisés é idêntica à muçulmana a esse respeito: a blasfêmia merece a morte. É um dos piores crimes que um homem pode cometer. Começamos a entender por que ele morreu. Esta, portanto, é a pista número quatro: *ele usava o nome de Deus para referir-se a si mesmo*.

Quinta pista, a sua afirmação: *"Eu sou o único caminho para Deus. Se quiserem conhecer a Deus, o Pai, terão que fazê-lo através de mim"*. Em resumo, Jesus estava condenando todas as outras religiões do mundo. Ele está dizendo: "Você nunca chegará a Deus, o Pai, a menos que eu o ajude. Venha através de mim". É uma alegação extraordinária, de fato.

Sexta pista: ele afirmou ser *"o caminho, a verdade e a*

vida". Não *um* caminho entre outros ou *uma* verdade ou *uma* vida possível. Ele insistia em dizer o caminho, a verdade, a vida – ninguém além de Deus deveria fazer tal afirmação.

Sétima: *Jesus afirmou que, quando morresse pelas pessoas, as libertaria de si mesmas.* Assim, ele dizia: "Eu vim para morrer" – e por certo morreria ainda jovem. A única coisa que o impedia de morrer, era que, antes da sua morte, os seus discípulos precisavam saber quem ele era, a fim de que pudessem encarar a sua morte sob a perspectiva correta. Ele os levou aos pés do monte Hermon. Espero que você possa visitar esse local algum dia – é uma fantástica expressão da natureza. O rio Jordão nasce aos pés do Hermon – um rio cheio, que flui direto do monte. A neve do topo na montanha derrete e desce por uma fenda na rocha até jorrar na base da mesma rocha. Imagine um local especial, carregado de misticismo, e era assim, de fato.

Se você for até lá hoje, verá esculpidos na encosta pequenos nichos onde já estiveram todos os tipos de deuses para adoração. Um deles era o deus Pan e o local ainda é chamado Panias. Acreditava-se que o deus Pan fosse um deus grego que viera com a aparência de um homem. Em outro nicho, havia uma estátua de César. É por isso que, no tempo de Jesus na terra, o vilarejo chamava-se Cesareia de Filipe, em honra ao César romano e ao governador judeu local. César era um homem, de fato, porém adorado como um deus.

A esse local, Jesus levou os seus discípulos e lhes perguntou: "Quem vocês pensam que sou?". Era ele o Deus que viera como homem ou um homem que é Deus? "Quem sou eu?". A princípio eles responderam: "Bem, tu és a reencarnação de algum grande homem". Era o que outras pessoas diziam. Pela primeira vez, Simão Pedro confessou: "Eu creio que tu és o Cristo, o Filho do Deus vivo". Foi o primeiro homem a fazer esta afirmação.

Sabe qual foi a primeira mulher a afirmar o mesmo pouco

tempo depois? Seu nome é Marta, aquela que trabalhava na cozinha enquanto sua irmã sentava-se aos pés de Jesus. Marta, antes mesmo de Maria, viu quem Jesus era de fato. Ela estava certa. Jesus, imediatamente, declarou: "Agora posso morrer. Vocês sabem quem eu sou e, portanto, agora entendem por que vou morrer". Ele indicou claramente que havia decidido quando morrer, como morrer e onde morrer. E concluiu: "Vamos diretamente a Jerusalém agora; ali eu vou morrer numa cruz".

Não sei se você já observou, mas houve cinco ocasiões anteriores em que tentaram matá-lo. A primeira delas foi em sua própria cidade, Nazaré, quando pregou o seu primeiro sermão na sinagoga, e tentaram arremessá-lo de um penhasco. Deve ter sido um bom sermão. Nunca tive experiência assim. Fico espantado que os membros de alguma congregação não tenham me lançado de um penhasco quando vejo alguns dos sermões que tiveram de ouvir!

Imagine, após um curto sermão sobre o profeta Isaías, tudo o que Jesus disse foi: "Hoje, se cumpre o que vocês acabaram de ouvir". Mas por que fizeram aquilo? Você já se perguntou? O que havia naquele sermão para irritá-los tão profundamente? A resposta está aqui. Nazaré fica na região norte de Israel, chamada Galileia. Era uma região caracterizada por movimentos rebeldes, onde aconteciam todas as revoltas e, acima de tudo, de onde surgiam todos os falsos messias que prometiam livrar o povo judeu dos romanos. Quando esses falsos messias eram condenados à morte, uma das ações dos romanos era destruir a cidade de onde vinham e assim evitar que outros surgissem.

Isto aconteceu na Tchecoslováquia, quando Reinhard Heydrich, oficial alemão responsável pela ocupação, foi assassinado. Os alemães, então, tomaram uma pequena cidade tcheca localizada nas proximidades de Praga e a eliminaram do mapa. Há hoje ali um monumento, como lembrança do acontecido. Bem, os romanos faziam o mesmo. Era a estratégia para conter os supostos messias: matando-os e destruindo a sua cidade de origem. Surge então, Jesus, afirmando ser o Messias, e toda a cidade de Nazaré se apavora diante da possibilidade de ser aniquilada pelos romanos. Concluíram: "É melhor matá-lo do que sermos nós mesmos destruídos". É compreensível. Foi a primeira vez que tentaram matar um homem para salvar muitos outros. Mais tarde, Caifás diria: "É melhor que um homem morra do que pereça toda a nação". Era o mesmo temor dos romanos. Entre os dois fatos, houve outras três ocasiões em que tentaram matar Jesus. Entretanto, como ainda não chegara a sua hora, Jesus passou por entre a multidão, silenciosa e serenamente, e se retirou. Assim que os discípulos entenderam quem ele era, no entanto, ele passou a anunciar: "Vamos a Jerusalém e ali eu vou morrer".

Oitava pista: *ele prometeu voltar antes que seu corpo entrasse em decomposição*. Foi uma promessa feita por Deus lá no Salmo 16, e diz que, se uma pessoa santa andasse pela terra, Deus não a deixaria apodrecer no túmulo – promessa muito interessante, citada no Novo Testamento. Uma afirmação extraordinária. Veja bem, eles levariam Jesus à morte porque ele era ruim demais para viver. Ele morreu apelando a um tribunal superior. Morreu dizendo: "Deus me vingará; Deus reverterá o seu veredito. Vocês me expulsarão deste mundo, mas Deus me trará de volta". Se pensarmos bem, foi exatamente o que Deus fez. "Eu voltarei dos mortos antes que meu corpo veja a corrupção", ou seja, antes do quarto dia.

Nona pista: *"Serei o juiz de toda a raça humana. O futuro de cada ser humano está em minhas mãos. Separarei toda a raça humana como um pastor separa as ovelhas dos bodes"*. Esta afirmação significa, simplesmente, que Jesus julgará Confúcio, Buda, Maomé, e que todos os líderes religiosos se colocarão diante de Jesus, e ele decidirá o futuro de cada um. Uma declaração e tanto. Um dia, Pôncio Pilatos será julgado por Jesus, assim como Adolf Hitler, eu e você, porque Jesus afirmou: "Eu sou o Juiz". Todos os judeus acreditavam que Deus os julgaria, mas aqui Jesus está dizendo: "Não. Eu vou fazê-lo".

Finalmente, a pista de número 10: *"Um dia virei ao planeta Terra pela segunda vez e reinarei sobre todo o mundo"*.

Quando reunimos todas essas dez pistas – qualquer uma delas isoladamente não seria suficiente – temos um tipo de prova cumulativa que deixa absolutamente claro que Jesus afirmava ser Deus.

Você tem, portanto, somente três opções. Jesus era louco, era mau ou era Deus; era um lunático, um mentiroso ou o Senhor. Você terá que decidir. Todos os seres humanos devem decidir. Ele iludia a si mesmo e era um maluco, esquizofrênico, ou era um homem mau que enganou a muitos contando-lhes mentiras sobre si mesmo, ou estava dizendo a verdade. Não pode ser de outra forma. Certamente, é uma dessas três.

Participei de um grande debate em um lugar chamado Inns of Court, onde ficam os escritórios de advogados renomados de Londres. Debatemos o seguinte: Jesus era maluco, era mau ou era Deus? Havia ali um professor de psicologia da Universidade de Londres, convicto de que Jesus era esquizofrênico, um louco. Estava lá também o presidente da Associação Humanista Britânica, dizendo que Jesus era um homem mau, que iludia as pessoas com mentiras. E o simplório aqui precisou dizer que Jesus era Senhor. Dou glórias a Deus por ter vencido o debate com aprovação de 85%. Isto aconteceu porque eu levava na manga um truque chamado ressurreição. Falarei disto daqui a pouco.

Jesus, portanto, foi crucificado simplesmente porque afirmou ser Deus, por nenhuma outra razão. A primeira acusação apresentada contra Jesus pelo tribunal judaico foi a de blasfêmia. Na realidade, não conseguiram testemunhas que concordassem a respeito do que ele dissera e, aparentemente, nada podiam fazer contra ele. Finalmente, o juiz tomou uma medida ilegal e forçou-o a condenar a si mesmo, por suas próprias palavras, ao lhe perguntar: "Você é o que diz ser?". Jesus respondeu apenas: "Eu, Eu Sou". O responsável pelo tribunal rasgou as próprias vestes e concluiu: "Todos vocês ouviram. Temos 77 testemunhas que ouviram-no afirmar ser Deus. Qual é o seu veredito?". Sessenta e oito pessoas disseram: "Votamos pela sua morte". É a única punição cabível a um homem que usa essas palavras. No entanto, eles não podiam condená-lo à morte, pois estavam sob a autoridade romana. Os romanos haviam proibido os judeus de exercer a pena de morte, por isso eles tiveram que modificar a acusação. Diante de Pôncio Pilatos, o governador romano, transformaram a acusação de blasfêmia em traição, pois ele afirmara ser o Rei dos Judeus. Pela lei romana, isto era traição. Nada havia na lei romana contra a blasfêmia, que era restrita à lei judaica. A lei romana, contudo, punia a traição. Foi assim que o mataram.

Há, no entanto, certas características extraordinárias e singulares em sua morte. Eles o pregaram a um bloco de madeira, completamente nu, sem nada que lhe cobrisse (a tanga aparece apenas nas representações cristãs de sua morte, por uma questão de decência). Em extrema humilhação, completamente nu, Jesus é preso a uma cruz, e deixado ali para morrer. Mas ele não morreu pela crucificação. Este é o elemento extraordinário. Como ele morreu? Bem, não foi pela crucificação, pois seriam necessários entre dois e sete dias, no mínimo, para levar à morte um homem que fosse deixado ali, na cruz. Esse era o tempo que costumava levar – a média seria entre três e quatro dias, conforme ele aos poucos enfraquecia.

O que causava a morte de um homem crucificado era o sufocamento. Quando suas pernas enfraqueciam e seu corpo cedia, ficando dependurado pelas mãos, a pressão nos pulmões era insuportável. Ele tentava, então, erguer o corpo apoiando-se novamente nos pés e a agonia em seus pés o fazia ceder outra vez. Esse movimento de erguer-se e ceder se repetia até que ele não pudesse mais se sustentar, o que provocava a morte por sufocamento. Assim era a crucificação, a mais cruel, lenta e prolongada morte já idealizada. Nenhum cidadão romano estava sujeito à crucificação. Ela só era aplicada a outros, e apenas em caso de crimes graves.

Como Jesus morreu, então? Bem, nós sabemos. Por volta das seis da tarde, quando queriam sepultá-lo, o governador romano enviou soldados para que se certificassem de que ele estava, de fato, morto. Não conseguiam acreditar que estivesse. A única maneira de acelerar a morte de alguém sobre a cruz era usando uma lança para quebrar as suas pernas, pois assim ele não mais poderia erguer-se para respirar. Aproximaram-se, então, dos dois ladrões e lhes quebraram as pernas. Imediatamente eles penderam, e consequentemente, logo morreram. Mas quando chegaram a Jesus, para seu total espanto, ele já estava morto. Os soldados, no entanto, precisavam se certificar disto e por isso perfuraram com a lança abaixo de suas costelas. Sangue e água escorreram. Alguém que estava presente observou o fato e o registrou para nós. O que isto significa? Francamente, isto significa que ele morreu de uma ruptura no pericárdio, ou em linguagem simples, sua morte foi causada por um coração partido.

Embora estivesse pregado a uma cruz, o que teria lhe tirado vida em alguns dias, Jesus já havia morrido em consequência de um coração partido. Por que foi assim? Ele estava naquela cruz havia apenas seis horas. Durante as três primeiras, preocupou-se com os outros, não consigo mesmo. Ele se preocupou com os soldados que o haviam colocado ali e disse: "Pai, perdoa-lhes, porque eles não sabem o que fazem". Preocupou-se com sua mãe e pediu a João, o apóstolo, que cuidasse dela, e João a levou para sua própria casa a partir daquele dia. Preocupou-se com o ladrão que morria ao seu lado, uma pessoa de surpreendente fé, que, ao ver esse homem, nu, morrendo sobre uma cruz, disse: "Senhor, lembre-se de mim quando chegar ao seu reino". Que fé! Jesus lhe disse: "Hoje mesmo você estará comigo no Paraíso". Assim, durante três horas, enquanto o sol brilhava – o quente e seco sol do meio-dia – ele se preocupou com os outros.

Do meio-dia às três da tarde, no entanto, ele perturbou-se por si mesmo. Sua primeira inquietação foi simplesmente a sede física. "Tenho sede". Cruelmente, ofereceram-lhe vinagre para beber, o que agravou ainda mais a sede. Ele lançou, então, um terrível clamor. "Eli, Eli, lamá sabactâni" –"Meu Deus, meu Deus, por que me desamparaste?". É um clamor terrível. Durante aquelas três horas houve densas trevas. O sol se pôs. Assim como a estrela havia brilhado em seu nascimento, o sol agora escurecia na sua morte. Percebe o que estava acontecendo? Ele estava passando pela experiência do inferno. O inferno é um lugar de sede. É um lugar solitário, pois Deus não está ali. É um lugar escuro também – "fora, nas trevas", foi assim que Jesus se referiu ao inferno. Jesus enfrentou o inferno por três horas para que nenhum de nós precisasse ir para aquele lugar tenebroso. Ele estava tomando o nosso lugar.

Suas últimas palavras na cruz, no entanto, vieram de uma oração que aprendera nos braços de sua mãe quando era criança. Todo menino judeu aprende a oração de boa noite. Pouco antes de dormir, ele aprende a dizer: "Nas tuas mãos eu entrego meu espírito". A única diferença entre aquela oração da infância e a que Jesus fazia agora estava na palavra "Abba", no início. "Abba, nas tuas mãos eu me entrego –

entrego meu espírito". Significa que ele estava clamando a Deus que mostrasse ao mundo que haviam errado ao condená-lo à morte. Jesus sabia que era propósito de seu Pai que ele morresse, mas também sabia que era vontade de seu Pai reverter o veredito antes que seu corpo se deteriorasse. Sendo assim, ele disse: "Eu voltarei".

Ao terceiro dia, ele estava de volta, ceando com seus discípulos, preparando-lhes o café da manhã. Era real; não era um espírito. Na realidade, ele disse: "Toquem em mim e vejam que não sou um espírito". Ele voltou em um corpo. No entanto, deixou no túmulo as mortalhas, que simplesmente haviam caído. Não havia nada nelas, o que significa que seu velho corpo simplesmente desaparecera, e na escuridão do túmulo, Deus lhe havia feito um novo corpo. Esse novo corpo tinha qualidades que o outro nunca possuíra. Podia atravessar portas fechadas. Podia desaparecer e aparecer conforme desejasse. Pelos dois meses seguintes, ele apareceu e desapareceu algumas vezes. Por que simplesmente não voltou e ficou com eles? Porque estava ensinando-lhes – da única maneira pela qual um bom professor pode fazê-lo – que eles teriam que aprender a depender de sua presença invisível.

Tomé, um dos Doze, não estava presente na noite do primeiro domingo de Páscoa. Foi informado de que Jesus estava vivo – "Ele esteve aqui. Olhe! Veja as espinhas de peixe naquele prato, ele comeu conosco!". Tomé reagiu: "Vocês não vão me enganar. De jeito nenhum. A menos que meus dedos traspassem as mãos dele, e eu toque sob a sua costela, e sinta o ferimento da lança, vocês não vão conseguir me fazer acreditar". Uma semana depois, estão todos no mesmo local e uma voz muito familiar convida: "Tomé, você quer tocar na minha mão, pode vir. Quer sentir a cicatriz aqui do lado, fique à vontade, venha e sinta". Tomé não o fez. Compreendeu, num lampejo de inspiração, e disse: "Meu Senhor e meu Deus".

Ninguém, ninguém mesmo, jamais voltou da morte após três dias. Alguns foram restaurados da morte. Tenho um amigo nos Estados Unidos que esteve morto durante dez dias e Cristo o trouxe de volta à vida. Ele era um bom pastor. Certo dia, sentiu uma forte dor na parte inferior das costas. Quando foi ao médico, ouviu: "Você tem uma formação cancerosa na espinha. É uma operação muito arriscada removê-la. Posso tentar, mas não há garantias". Meu amigo tentou tomar remédios contra a dor, mas viciou-se nessas drogas. Finalmente, certa noite, sua dor era tão desesperadora, que ele pegou a arma que guardava na mesa de cabeceira, dirigiu-se ao banheiro em sua cadeira de rodas, apontou a arma para a cabeça e puxou o gatilho. Havia balas em todas as câmaras do tambor, exceto numa, e foi exatamente nesta que ele puxou o gatilho. O acontecimento só fez com que caísse em si, e ele moveu sua cadeira de volta ao quarto e lá contou à esposa o que havia feito. Disse-lhe: "Não suporto essa dor".

"Bem" – disse ela – "você deve fazer a cirurgia. É melhor correr o risco incerto de melhora do que estourar os seus miolos".

Foi o que ele fez. No hospital, leu um versículo de um dos primeiros Salmos que dizia: "Eu me deito e durmo, e torno a acordar, porque é o Senhor que me sustém". Anotou o versículo em um pedaço de papel e guardou-o em sua Bíblia. Foi levado então ao centro cirúrgico e o anestesista injetou anestésico em excesso em sua espinha, e ele morreu. Sim – foi um erro, mas aconteceu. Tentaram ressuscitá-lo; aplicaram-lhe a massagem cardíaca para fazê-lo respirar outra vez. O cirurgião chegou a subir sobre o seu corpo e pressionar o joelho em seu peito, mas nada adiantou. Olharam para o monitor de batimentos cardíacos e viram apenas uma linha reta.

Saíram, então, para informar à esposa, que aguardava do lado de fora. "Sentimos muito, mas nós o perdemos". Ela disse: "Não perderam não! Voltem lá e tentem outra vez". Era uma mulher pequena, mas tinha muita coragem e uma grande fé. "Voltem e tentem novamente", insistiu. Os médicos retornaram à sala, tentaram novamente, e nada aconteceu. Mas ela se recusava a aceitar. Eles o colocaram, então, numa cama com um respirador artificial conectado aos pulmões para ajudá-lo a respirar, outro equipamento no coração para manter os batimentos, mas seu cérebro estava morto e já não respondia a nenhum estímulo.

Isto se chama morte clínica. Eles poderiam ter assinado um atestado de óbito, mas por causa daquela pequena mulher, eles o mantiveram vivo durante dez dias, através de equipamentos. Certo dia, porém, ela veio visitá-lo e ele não estava lá. A mulher perguntou: "Onde está o meu marido?". Eles responderam: "Precisamos de seus órgãos para transplante e ele era doador. Então desligamos as máquinas e o levamos ao necrotério". A pequena mulher reagiu: "Tragam-no de volta! Tragam-no de volta!". Trouxeram-no de volta, o conectaram aos equipamentos novamente, e, naquele momento, ele abriu os olhos e olhou para eles. Viu no chão o pequeno pedaço de papel que havia escrito e fez um sinal com a cabeça como que dizendo: "Peguem aquele papel". Eles o pegaram e leram: "Eu me deito e durmo, e torno a acordar, porque é o Senhor que me sustém". Bem, ele passou a ser chamado de "homem milagre" naquele local, o renomado Stanford Medical Center, nos Estados Unidos.

Finalmente, quando o deixaram a sós no quarto, ele pensou: "A cirurgia foi um sucesso. Não sinto dor". Levantou-se da cama, desconectando antes a sonda que o alimentava. Caminhou pelo quarto e concluiu: "A dor desapareceu. A cirurgia removeu o câncer". Uma enfermeira entrou no quarto e assustou-se: "Volte para a cama!". Ele, porém, respondeu: "Eu estou bem! Consigo andar!". Alguns dias depois, ele saiu do hospital caminhando, sem a sonda, pois agora podia se alimentar sozinho. As enfermeiras e os médicos, alinhados nos corredores, aplaudiram o "homem milagre" em sua partida.

Eu vi os registros médicos, mas meu amigo voltou ao seu antigo corpo. Ainda está vivo, mas morrerá novamente, porque isto não é ressurreição. Ressurreição é re-criação; ressurreição é um novo corpo. Jesus nunca morrerá novamente. Lázaro morreu novamente, o filho da viúva de Naim morreu novamente – eles tinham apenas voltado a viver. Jesus, no entanto, não voltou a viver, ele passou a viver. Já perguntei isto antes: de onde você acha que Jesus obteve as vestes da ressurreição? Já pensou nisto? O Deus que fez para Jesus um novo corpo deu-lhe, no mesmo instante, roupas novas, e você terá roupas no Céu porque Deus as fará para o seu novo corpo. Meu novo corpo será exatamente igual ao glorioso corpo de Jesus, e quando você chega aos 80 anos, mal pode esperar para ter 33 novamente! Estou ansioso por isto.

A ressurreição é o fato central da singularidade de Jesus; ninguém, antes ou depois dele, jamais ressuscitou – não me refiro a voltar a viver, mas passar a ter vida em um novo corpo. Por essa razão, ele é chamado de "o primogênito sobre toda a criação". E por isso celebramos o culto num domingo, pois é o início da nova criação de Deus.

Lembramos de dois aspectos singulares a respeito de sua ascensão, ocorrida dois meses depois. O primeiro é que Jesus deixou este mundo dois meses após a sua morte. Não sei de mais ninguém que tenha feito o mesmo, e você? A maioria das pessoas deixa este mundo no dia em que morre. Mas Jesus ficou por aqui durante dois meses, e então partiu.

Além disso, levou consigo o seu corpo. Todas as outras pessoas o deixam para trás. Maomé está morto, Confúcio está morto, Buda está morto, e podemos visitar seus túmulos. Mas Jesus está vivo. E, por isso, existe um túmulo vazio, mas não há santuário que você possa visitar e adorar o Salvador morto.

Esta é a diferença – ele é único; não há ninguém como ele. Esta é a razão pela qual jamais podemos misturar a nossa fé com outras religiões.

Dois comentários finais. O primeiro é que a fé cristã é *exclusiva*. Assim como Cristo, ela é única. O cristianismo é Cristo, portanto, é exclusivo. Nunca devemos considerar a ideia de mesclar nossa fé a outras. Talvez tenhamos que pagar um alto preço por esta postura enquanto as religiões do mundo se unem, mas, mesmo assim, ela é exclusiva e não é possível misturar verdade e erro. "Não há outro nome debaixo do céu pelo qual alguém possa ser salvo, exceto o nome de Jesus". Da mesma forma, porém, nossa fé é *inclusiva*. Deve ser para todos. Esses dois aspectos caminham juntos.

A fé exclusiva deve ser inclusiva. Se ela é o único caminho, então todos têm o direito de ouvir sobre ela e nós temos o direito de lhes contar, temos o dever de compartilhá-la com eles. Esta é razão pela qual o cristianismo deve ser uma religião missionária, uma religião evangelizadora. Quando encontramos tal salvação, é nosso dever solene sair e partilhá-la com os que dela precisam, por mais ofensivo que isto possa ser.

Uma das pressões que virá sobre nós é uma lei que proíbe o proselitismo, como é chamado. Não demorará até que sejamos proibidos de tentar converter alguém de outra religião à nossa fé. Já existem países onde essa lei está em vigor, mas nós não temos escolha. Não conseguimos evitar. Nosso Jesus ordenou que fôssemos e fizéssemos discípulos de todas as nações, e nosso dever é lhes contar que ele está vivo para todo o sempre, que julgará a todos na terra, e que voltará para governar este mundo até que os reinos deste mundo se tornem os reinos de nosso Deus e do seu Cristo. Amém.

SOBRE DAVID PAWSON

Conferencista e escritor com inabalável fidelidade às Sagradas Escrituras, David traz clareza e uma mensagem de urgência aos cristãos para que descubram tesouros escondidos da Palavra de Deus.

Nascido na Inglaterra em 1930, David iniciou sua carreira com formação em Agronomia pela Universidade de Durham. Quando Deus interveio e o chamou para que se tornasse Pastor, ele concluiu o Mestrado em Teologia pela Universidade de Cambridge, e, durante três anos, serviu como capelão na Força Aérea Real. Passou então a pastorear várias igrejas, entre elas o Centro Millmead, em Guildford, que se tornou um modelo para muitos líderes de igrejas do Reino Unido. Em 1979, o Senhor o conduziu a um ministério internacional. Atualmente, seu ministério itinerante é predominantemente para líderes de igrejas. David e sua esposa, Enid, moram hoje no condado de Hampshire, no Reino Unido.

Ao longo dos anos, ele escreveu um grande número de livros, publicações e notas diárias de leitura. Suas extensas e muito acessíveis análises dos livros da Bíblia foram gravadas e publicadas em "Unlocking the Bible" (A Chave para Entender a Bíblia). Milhões de cópias de seu material de ensino têm sido distribuídas em mais de 120 países, oferecendo sólido embasamento bíblico.

Ele é considerado o "pregador ocidental mais influente na China" graças à transmissão de sua bem-sucedida série "Unlocking the Bible" a todas as províncias da China, através da God TV. No Reino Unido, os ensinos de David são transmitidos com frequência pela Revelation TV.

Incontáveis fiéis em todo o mundo também se beneficiaram de sua generosa decisão, em 2011, de disponibilizar sua extensa biblioteca audiovisual, sem custo algum, em: **www.davidpawson.org**. Recentemente, todos os vídeos de David foram carregados em um canal específico em: **www.youtube.com**

SÉRIE A BÍBLIA EXPLICA
VERDADES BÍBLICAS APRESENTADAS DE FORMA SIMPLES

Se você foi abençoado com a leitura deste livro, saiba que outros títulos da série estão disponíveis. Acesse **www.aBibliaexplica.com** e inscreva-se para baixar mais livros gratuitos.

A série A Bíblia Explica inclui:
A Fascinante História de Jesus
A Ressurreição: O ponto central do cristianismo
Como Estudar a Bíblia
A Unção e o Enchimento do Espírito Santo
O Batismo no Novo Testamento
Como Estudar um Livro da Bíblia: Judas
Os principais passos para se tornar um cristão
O que a Bíblia diz sobre: Dinheiro
O que a Bíblia diz sobre: Trabalho
Graça: Favor imerecido, Força irresistível ou Perdão incondicional?
Seguro para sempre? O que a Bíblia diz sobre: Salvação
O Fim dos Tempos
Três textos geralmente usados fora do contexto: Explicando a verdade e expondo o erro
A Trindade
A Verdade sobre o Natal

Você também pode adquirir cópias impressas em:
Amazon ou **www.thebookdepository.com**

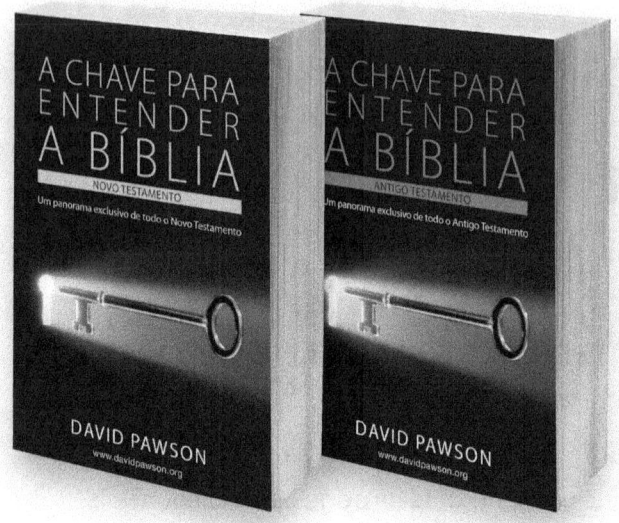

A CHAVE PARA ENTENDER A BÍBLIA

Um panorama exclusivo do Antigo e do Novo Testamento, nas palavras de David Pawson – conferencista e escritor evangélico, reconhecido internacionalmente. "*A Chave para Entender a Bíblia*" elucida a palavra de Deus de maneira inovadora e poderosa. Em uma clara distinção aos tradicionais estudos e comentários bíblicos que tratam versículo por versículo, este livro apresenta a história épica do relacionamento entre Deus e seu povo, em Israel. A cultura, o contexto histórico e os personagens são apresentados e os ensinamentos são aplicados ao mundo contemporâneo. Oito volumes foram compilados nesta edição abrangente, compacta e fácil de usar, com tópicos que cobrem o Antigo e o Novo Testamento.

Do Antigo Testamento: As Instruções do Criador – Os Cinco Livros da Lei; Uma Terra e um Reino – Josué, Juízes, Rute e 1 e 2 Samuel, 1 e 2 Reis; Poemas de Louvor e Sabedoria – Salmos, Cântico dos cânticos, Provérbios, Eclesiastes, Jó; Declínio e Queda de um Império – Isaías, Jeremias e outros profetas; A Luta pela Sobrevivência – Crônicas e os profetas do exílio.

Do Novo Testamento: O Eixo da História – Mateus, Marcos, Lucas, João e Atos; O Décimo Terceiro Apóstolo – Paulo e suas cartas; Do Sofrimento à Glória – Apocalipse, Hebreus, as cartas de Tiago, Pedro e Judas.

Este livro é um best-seller internacional.

OUTROS MATERIAIS DE ENSINO
DE DAVID PAWSON

Para acessar a lista atualizada com os títulos de David Pawson, visite:
www.davidpawsonbooks.com

Para comprar os materiais de ensino de David Pawson, acesse a página:
www.davidpawson.com

www.ingramcontent.com/pod-product-compliance
Lightning Source LLC
Chambersburg PA
CBHW071507080526
44587CB00016B/2721